ARENA BIBLIOTHEK DES WISSENS

AKTUELL

W0067940

Gerd Schneider, Jahrgang 1942, arbeitete als Journalist und Redakteur und schrieb Romane und Sachbücher für Jugendliche, darunter ein Politik-Lexikon für Kinder. Außerdem ist er Autor von Fernsehdrehbüchern und Hörspielen. Im Arena Verlag erschienen von ihm in der Arena Bibliothek des Wissens die Titel *Politik* (06172) und *Globalisierung* (06222), außerdem *Kafkas Puppe* (06081) und *Bauer, Dame, König – Matt! Ein Schachkurs für Einsteiger* (05993).

Christiane Toyka-Seid M. A., Jahrgang 1958, studierte Geschichte, Politik und Katholische Theologie. Seit vielen Jahren ist sie als Autorin und Redakteurin zu Themen aus Politik und Geschichte tätig. Gemeinsam mit Gerd Schneider hat sie ein Politik-Lexikon geschrieben. Sie betreut seit vielen Jahren als verantwortliche Redakteurin eine Internet-Seite für Kinder und Jugendliche, auf der politische Themen erläutert und diskutiert werden.

Volker Fredrich, geboren 1966, wuchs bei Bad Segeberg auf und studierte ab 1990 an der FH Hamburg Gestaltung mit dem Schwerpunkt Kinderbuchillustration. Seit 1996 ist der inzwischen zweifache Vater für zahlreiche Kinder- und Schulbuchverlage tätig.

In neuer Rechtschreibung

1. Auflage 2009
© Arena Verlag GmbH, Würzburg 2009
Alle Rechte vorbehalten
Coverillustration: Klaus Steffens
Innenillustration: Volker Fredrich
Fotos: picture alliance außer Seite 56 von akg images, Berlin
Satz: Claudia Böhme auf der Grundlage einer Gestaltung und Typografie von knaus. büro für konzeptionelle und visuelle identitäten, Würzburg
Gesamtherstellung: Westermann Druck Zwickau GmbH
ISBN 978-3-401-06431-4

www.arena-verlag.de

Gerd Schneider
Christiane Toyka-Seid

Die Finanzkrise

Arena

Inhalt

Was geht uns die Finanzkrise an?

Finanzkrise! Wirtschaftskrise! Überall hört man davon. Aber was ist das genau? Ist es nicht ein Problem der Banken? Und hat das Ganze nicht vor allem mit den USA zu tun? Wieso geht uns das eigentlich an?

Auf den folgenden Seiten werden wir beschreiben, wie alles zusammenhängt. Denn es ist wichtig, Bescheid zu wissen. Dabei werden wir sehen, wie sehr das weltweite Pokerspiel mit Milliardenschulden, die jahrelange Zockerei auf den Finanzmärkten heute unser Leben betreffen und unseren Alltag verändern können.

Was wir lernen können, ist: Die Gier, schnelles Geld zu verdienen, vernebelt den Verstand! Sie schadet der gesamten Wirtschaft und damit letztlich jedem Einzelnen von uns. Nur auf Kredit einkaufen, kann nicht funktionieren. Auch Stroh zu Gold spinnen, geht nur im Märchen. Das haben inzwischen alle gemerkt – und viele Tausend Menschen, nicht nur in Amerika, sondern auch in Deutschland und anderen Ländern, haben viel Geld verloren. Denn in der Globalisierung hängt alles miteinander zusammen und irgendwann trifft der Effekt auch uns, auch wenn wir eigentlich gar nichts damit zu tun haben wollen und auch nicht bewusst „mitgespielt" haben.

Wir werden sehen, wie die Geschäfte mit Krediten und Schuldverschreibungen eine Weile funktioniert haben und dann zur großen Krise führten. Das zu durchschauen, ist wichtig, damit derartige Entwicklungen nicht noch einmal passieren können.

Kleine Geschichte von Geld und Wirtschaft

Wie hängt das eigentlich alles zusammen – Waren und Geld, Banken und Kredite*, Börse* und Finanzmarkt? Im Zeitraffer kann man sich die Entwicklung so vorstellen:

Ganz früher: Ein Mann stellt einen Tontopf her und tauscht ihn mit einem anderen Mann gegen eine von diesem gemachte Fellmütze.

Nach der Erfindung des Geldes: Ein Mann stellt einen Tontopf her, bestimmt dessen Geldwert und verkauft ihn an einen Käufer.

Noch später: Ein Mann gründet eine Fabrik, in der viele Tontöpfe hergestellt werden. Diese Töpfe werden gegen Geld an Händler verkauft, die sie für noch mehr Geld an viele Käufer weiterverkaufen.

Heute: Ein Mann möchte eine große Firma gründen, um viele Tontöpfe herzustellen. Dazu braucht er viel Geld, um die Fabrikhallen zu bauen, die Maschinen und das Rohmaterial anzuschaffen und Mitarbeiter zu bezahlen. Der Firmengründer leiht sich Geld gegen Zinsen* bei einer Bank.

● Die Bank gibt einen Kredit, das heißt, sie leiht dem Firmengründer Geld. Dieser verspricht, das Geld sowie einen zusätzlichen Betrag, die Zinsen, sozusagen die Gebühr für den Kredit, bis zu einem bestimmten Zeitpunkt zurückzuzahlen. So verdient die Bank Geld.

● Wenn die Firma des Mannes erfolgreich ist, will er mehr Tontöpfe herstellen, um sie auch in andere Länder zu verkaufen. Er möchte also mehr Fabriken bauen. Dafür braucht er noch mehr Geld. Um an dieses Geld zu kommen, bringt er seine Firma an die Börse. Jetzt haben auch andere Leute die Möglichkeit, sich mit ihrem Geld an seiner Firma zu beteiligen. Sie kaufen Aktien[*], also Anteile an der Firma, und hoffen auf gute Geschäfte.

● Wenn die Firma erfolgreich ist und viele Tontöpfe verkauft, steigen die Aktien. Die Aktionäre freuen

7

sich, denn ihre Anteile an der Firma werden mehr wert und sie verdienen Geld, erzielen eine Rendite*. Wenn die Geschäfte aber nicht so gut laufen, haben die Aktionäre Pech – der Wert ihrer Aktien sinkt.

- Viele Firmen werden gegründet, Menschen arbeiten, Wohlstand entsteht. Die Menschen möchten sich Autos und Häuser kaufen. Sie haben selbst Geld gespart, brauchen aber für ihre Anschaffungen mehr Geld, als sie im Moment haben. Sie leihen sich das Geld bei einer Bank, nehmen also einen Kredit auf, und gehen davon aus, dass sie das Geld schrittweise über mehrere Jahre zurückzahlen werden. Die Bank verdient dadurch Geld. Die Autos und Häuser, die die Menschen kaufen, dienen der Bank als Sicherheit dafür, dass sie das geliehene Geld auch zurückerhält. Wenn die Kreditnehmer ihre Raten nicht mehr zahlen können, darf die Bank die Autos oder Häuser einfordern, um sie zu verkaufen und so ihr Geld zurückzubekommen.

Auch heute: Es wird nicht nur mit realen Gütern oder mit Dienstleistungen (vom Taxifahrer, von der Krankenschwester, von der Ärztin oder dem Bankbeamten und Tausenden anderen Leuten) Geld verdient, sondern es wird auch Geld mit Geld verdient. Wie das geht? Wir werden es sehen.

Krisenalarm in Deutschland

Es war am 28. September 2008. Ein Bericht der Zeitung *Financial Times Deutschland* brachte an diesem Tag hohe Politiker und Manager der Finanzbranche um die Sonntagsruhe. Handys klingelten, Telefonkonferenzen wurden geschaltet. Dann fuhren Autos vor Regierungsstellen vor: In großer Eile trafen sich die Spitzenleute zu Krisen-Sitzungen, Beschlüsse über kurzfristige Milliarden-Kredite wurden gefasst.

Politiker und Manager geraten ins Schwitzen

Was war geschehen? Wieso waren die wichtigsten Vertreter von Politik und Wirtschaft an diesem Sonntag so aufgebracht? In der Zeitung war zu lesen, dass ein Zusammenbruch der

Münchner Immobilienbank Hypo Real Estate (HRE) wegen „massiver Liquiditätsprobleme" drohte. Auf gut Deutsch: Die Bank stand vor der Pleite. Sie konnte wegen Geldmangels keine Kredite mehr vergeben und, noch viel schlimmer, ihre eigenen Schulden nicht mehr zurückzahlen. Denn auch Banken machen Schulden!

Für die Fachleute bedeutete das: Die internationale Finanzkrise, die in den USA ausgebrochen war, war nun auch in Deutschland angekommen.

Eine schnelle Lösung muss her!

Die HRE ist keine kleine Bankfiliale, die mangels Kundschaft aufgeben muss. Der Konzern mit Tochterfirmen in anderen europäischen Ländern ist einer der größten Finanzierer von gewerblichen Immobilien wie Fabriken, Bürohäuser usw. Etwa 125 Milliarden Euro hat die HRE an Kunden verliehen, außerdem Pfandbriefe und andere Wertpapiere[*] im Wert von über 100 Milliarden Euro herausgegeben. Diese Wertpapiere galten bisher bei den Bürgern als eine sehr sichere Geldanlage. Mit ihnen sichern viele Menschen ihre Altersvorsorge ab.

Wenn die HRE pleite gegangen wäre, hätte das dramatische Folgen gehabt: Die Menschen, die dort ihr Geld angelegt haben, hätten große Verluste erlitten. Aber auch das allgemeine Vertrauen der Bürger in die Sicherheit von Pfandbriefen wäre erschüttert worden. Viele hätten ihr Geld in Zukunft lieber in etwas anderes investiert.

Die unausweichliche Folge: Auch andere Großbanken und Versicherungen wären bankrott gegangen. Denn Banken leben von Geldgeschäften und dem Vertrauen der Kunden, dass das Geld gut bei ihnen angelegt ist. Wenn das Vertrauen nicht mehr besteht, ist das ganze System gefährdet. Noch nie hatte es bis zu diesem Zeitpunkt eine ähnliche Krise oder gar einen Ausfall von Pfandbriefen gegeben.

Auf den **Finanzmärkten** (damit bezeichnet man Banken, Börsen, Investmentgesellschaften* usw.) wird nicht mit Gütern gehandelt, sondern mit Kapital: Das können Geld, aber auch Wertpapiere oder Devisen (ausländische Währungen) sein. Wenn wir ein Sparkonto eröffnen oder Aktien kaufen, sind wir „Kapitalgeber" oder „Kapitalanleger". Wir bekommen Zinsen für das Ersparte oder Rendite, wenn die Aktien etwas einbringen, weil ein Unternehmen Gewinne macht. Wenn wir Geld leihen, sind wir „Kapitalnehmer", müssen also dafür bezahlen, durch Zinsen. Es funktioniert alles gut, solange auf den Finanzmärkten Geld angelegt und verliehen, also gekauft und verkauft wird, solange alles in Bewegung ist. Wenn nicht, ist es wie bei jedem Händler auf dem Wochenmarkt, wenn keiner seine Ware mehr will: Die Bank kann dichtmachen.

Politiker und Finanzmanager wollten deshalb auf jeden Fall verhindern, dass die Bank pleite geht. Bundeskanzlerin Angela Merkel forderte eine „schnelle Lösung" des Problems. Die

Milliarden als Stütze, damit nicht alles zusammenbricht

Fernsehzuschauer und Zeitungsleser konnten nur noch staunen über das Tempo, mit dem viele Milliarden Euro aus dem Staatshaushalt – zuletzt über 50 – lockergemacht wurden als Bürgschaften für das angeschlagene Kreditinstitut.

Bürgschaft bedeutet, dass der Bürge – in dem geschilderten Falle der Staat und mehrere Banken – für die Schulden eines Dritten (der HRE) aufkommen muss, sollte der nicht zahlen können.

Es musste sich also um eine sehr ernste Angelegenheit handeln, die das gesamte Wirtschafts- und Finanzsystem betraf. Dabei waren die Aktivitäten zur Rettung der HRE nur der erste Akt des Dramas, das sich in der Finanzwelt abspielte und wovon allmählich immer mehr Einzelheiten in die Öffentlichkeit drangen.

Eine Frage wurde immer häufiger gestellt:

Was ist los mit unserem Wirtschafts- und Finanzsystem?

Auf die Rettungsaktion für die HRE folgten weitere hektische Reaktionen, nachdem immer mehr Schreckensnachrichten aus der Finanzwelt in die Öffentlichkeit drangen. In den Berichten aus den Börsensälen von New York, Tokio, London oder Frankfurt sah man aufgeregte oder vor Schreck stumm gewordene Mitarbeiter vor ihren Bildschirmen sitzen. Gebannt verfolgten sie die Fieberkurven der Aktien-Werte.

„Ich bin schon lange dabei, aber das habe ich noch nicht erlebt!", sagte ein Börsenmann einem Reporter in Frankfurt. Ein anderer fügte hinzu: „Diese Plötzlichkeit hat uns total überrascht!"

„Was ist bloß los mit dem ganzen System?", fragte sich sinngemäß der Börsenberichterstatter der ARD

| Entsetzen an der Börse

am 21. November 2008 in den *Tagesthemen,* und dann wörtlich: „Die Krise frisst sich von Land zu Land!"

Panik? Bloß nicht!

„Nur keine Panik! Ein Auf und Ab an der Börse hat es immer gegeben". Auch diese Aussage hörte man immer wieder von den Spezialisten der Börse.

„Dominoeffekt"

Auf und Ab? In der letzten Zeit gewiss mehr ein Ab, sieht man sich die zahlreichen Meldungen an, die die Menschen täglich über Presse, Funk und Fernsehen erreichten. So brach in den ersten Monaten des Jahres 2008 eine amerikanische Bank nach der anderen zusammen oder geriet in ernste Schwierigkeiten. Denn vieles hängt in der Finanzwelt miteinander zusammen und der „Dominoeffekt" kann andere Banken mit in den Abgrund reißen.

Auch deutsche Banken und Versicherungen meldeten im Laufe des Sommers immer größere Verluste. Als am 15. September 2008 die Aktien an den Börsen der Welt rasant abstürzten und dann eine der größten amerikanischen Investmentbanken[*], „Lehman Brothers", ihre Zahlungsunfähigkeit erklärte, klingelten in der Finanzwelt endgültig alle Alarmglocken. Das ging nicht mehr nur die Banken an, sondern auch die Bürgerinnen und Bürger waren betroffen. Die Regierungen mussten handeln. Der deutsche Finanzminister Peer Steinbrück erklärte die Finanzkrise zum größten Konjunkturrisiko[*] in Europa, also zur größten Bedrohung für den Wohlstand und den Lebensstandard der Menschen.

I Fallende Kurse

Wie kam es dazu?

Wenn von den Ursachen der Finanzkrise die Rede ist, fällt meist das Stichwort „amerikanische Immobilienkrise". Diese begann 2005 und ihre Auswirkungen haben inzwischen die ganze Welt erfasst. Die Vorgeschichte geht allerdings noch weiter zurück – ins Jahr 1995. Damals kamen einige Bankmanager auf die genial erscheinende Idee, mit Schulden von Menschen zu handeln, die bei ihnen Kredite genommen hatten.
Wie ist das zu verstehen?

Dazu ein Beispiel: Leonie schuldet ihrem Cousin Jan 500 Euro, die er ihr zu einem bestimmten Prozentsatz an Zinsen geliehen hat, damit Leonie ihren Führerschein machen kann. Nach einer Weile bekommt Jan Angst, dass er das Geld doch nicht zurückbekommt – vielleicht ist Leonie nicht mehr gut bei Kasse, hat öfters die zugesagten Raten bei der Rückzahlung nicht oder zu spät gezahlt oder ihren Job als Babysitterin verloren.
Zum Glück kommt nun Alina, die diese Schulden übernimmt. Sie macht es nicht umsonst. Sie gibt Jan 450 Euro. Jan ist das Risiko los, das gesamte verliehene Geld – also die 500 Euro – zu verlieren. Das Risiko liegt jetzt bei Alina. Wenn Leonie zahlt, hat Alina 50 Euro zusätzlich zu den Zinsen gewonnen; wenn Leonie nicht zahlt, hat sie Pech gehabt.

Schulden verkaufen

So ähnlich haben das – allerdings mit viel viel größeren Summen – auch die Banken untereinander gemacht.

Das große „Schwarzer-Peter-Spiel"

Das Ganze ist eine Art Tauschgeschäft der Banken. Es werden die Risiken, dass Schulden nicht zurückgezahlt werden, auf viele Partner verteilt. Dabei geht es nicht, wie in unserem Beispiel, um ein paar Euro, sondern um viele Millionen und Milliarden.

Verteilung der Risiken

Der Trick bei der Sache ist: Diejenigen, die die Schulden kaufen – in unserem Beispiel Alina –, sind in Wahrheit „Zweckgesellschaften". Sie kaufen den Banken die Schuldscheine der Kreditnehmer ab. Die Kreditverträge liegen nun nicht mehr bei den Banken, sondern bei den Zweckgesellschaften, die in vielen Fällen von den Banken selbst gegründet wurden. Der Vorteil für die Banken: Die Schulden tauchen nicht mehr in ihren Bilanzen auf und belasten somit auch nicht das Vertrauen in die Banken.

Doch das ist noch nicht das Ende der Geschichte. Die Zweckgesellschaften verteilen die Schulden weiter an ganz viele Anleger. Dazu verwandeln sie die Kredite und Schuldverschreibungen in Wertpapiere (diesen Vorgang nennt man Verbriefung[*]) und verkaufen solche „Pakete" wiederum über andere Banken als Anleihen, Zertifikate, Pfandbriefe oder was auch immer. Es ist eine Art Versteckspiel mit Schulden. Denn am Ende weiß keiner mehr, was wirklich hinter diesen „Wertpapierpaketen" steckt, nämlich die Raten von Leuten, die vielleicht schon gar nicht mehr zahlen können.

Professor **Horst Gischer** von der Uni Magdeburg vergleicht diese Verbriefung mit einem Spiel mit verdeckten Karten: „Sie haben in ihrem Kartenblatt den **schwarzen Peter,** den sie gerne loswerden möchten. Wenn es ihnen also gelingt, diese verbrieften Papiere, diesen schwarzen Peter an einen anderen weiterzuschieben, sind sie das Problem los.
Aber: Das Problem selbst ist nicht verschwunden, weil den schwarzen Peter jetzt ein anderer hält ... Letztendlich kann man den Papieren nicht ansehen, welche Verluste tatsächlich eintreten werden. Und eben weil man das nicht kann, kauft (heute) niemand mehr diese Papiere ..."

(nach MDR, 15.10.2008)

Die Weltreise der Schulden

Der Reigen beginnt und das Karussell dreht sich, sobald die Pakete mit den „risikobehafteten" Papieren (also mit Papieren, die ziemlich riskant sind) gepackt sind: Die durch die Verbriefung „getarnten" Schuldverschreibungen oder Ausfallversicherungen oder Zertifikate in Milliardenhöhe beginnen ihre Weltreise, denn die Wirtschaft und die Finanzmärkte der Welt sind miteinander vernetzt, Landesgrenzen spielen keine Rolle dabei.

Grenzen spielen
bei der Vernetzung
keine Rolle mehr

Von amerikanischen Gesellschaften aus gehen die Pakete nach England, Island, Deutschland, Frankreich und so weiter. Die Kredite, die amerikanische Großkunden wie IBM oder Wal-Mart oder die Autohersteller, aber auch Millionen „Häuslebauer" bei US-Banken aufgenommen haben, sind von Zweckgesellschaften übernommen worden. Sie landen etwa bei der Hypo Real Estate in München oder bei der Sächsischen Landesbank, bei der IKB-Bank in Düsseldorf oder bei der BayernLB und anderen Instituten. Dort hat überall, nachdem die Krise ausgebrochen ist, das große Zittern begonnen. In den Tresoren zahlreicher Sparkassen, Banken und anderer Investoren, aber auch bei vielen Privatanlegern liegen die Papiere und niemand weiß bis heute, wie viel diese wirklich wert sind und wie stark alles miteinander verbunden ist.

Gier macht blind

Warum aber haben sich alle auf die Tauschgeschäfte in diesem Finanzreigen eingelassen, obwohl es schon lange warnende Stimmen gab, die sagten, dass das Geschäft „Geld mit Geld" auf Dauer nicht gut gehen könne?

Die Antwort ist: Über viele Jahre hin wurde ja dabei sehr viel Geld verdient. Viele Banken waren durch den Weiterverkauf von Schulden ihre Risiken los und konnten mit immer neuen Krediten weiter viel Geld verdienen. Auch die neuen Schuldscheine wurden wieder verkauft. Daran verdienten die Banken und die Zweckgesellschaften verdienten, als sie die großen Pakete in sehr viele kleine aufteilten und veräußerten. Bei jedem kleinen Paket wurde über Gebühren und Provisionen verdient. Auch die Anleger machten Gewinn, eine Zeit lang jedenfalls, als ihre Zertifikate, Aktien und sonstigen Wertpapiere im Zuge der allgemeinen positiven Stimmung, die sich damals breitmachte, im Wert stiegen. Dies ging gut, solange es mehr Gewinner als Verlierer gab.

Goldene Zeiten

Es schien leicht, schnell viel Geld zu verdienen. Und je mehr Geld man einsetzte, desto höher waren die Gewinne. So kauften viele Banken in Deutschland für Millionen und Abermillionen diese Wertpapiere, Schuldverschreibungen, Hypotheken[*]. Die goldenen Zeiten für die Finanzwirtschaft waren da und alle wollten beim Gewinn dabei sein! Eine Euphorie wie in den Zeiten des großen Goldrauschs in Alaska war ausgebrochen. Alles ging zunächst auch gut. Außerdem wurden von den sogenannten Ratingagenturen oft Bestnoten für die Finanzprodukte verteilt, die um die Welt gingen.

Ratingagentur, Finanz-TÜV: Internationale Ratingagenturen bewerten die Kreditwürdigkeit (im Fachjargon „Bonität") von Unternehmen beziehungsweise Finanzprodukten mit einer Buchstabenkombination. AAA ist die höchste Note und heißt, dieses Produkt hat die höchste Qualität. Im Laufe der Finanzkrise hat das Ansehen dieser Agenturen wegen absichtlicher und unabsichtlicher Fehleinschätzungen der wirklichen Lage sehr gelitten.

Zu diesen Finanzprodukten gehören auch „Derivate" – von diesen konnte man oft in den Zeitungen lesen. Dies sind, kurz gesagt, Wettscheine, mit denen man auf das künftige Steigen oder

Verkauft man etwa ein Fahrrad oder ein Auto, das man sich nur geliehen hat?

Fallen von Aktienwerten setzt. Noch abenteuerlicher, aber völlig legal, sind die sogenannten Leerverkäufe.

Ein **„Leerverkauf"** ist eine bestimmte Form eines sogenannten Termingeschäfts. Man versteht darunter den Verkauf eines Wertpapiers, das man zum Verkaufszeitpunkt noch gar nicht besitzt.
Wie das geht? A leiht sich das Papier (beispielsweise eine Autoaktie) von einer Händlerin B aus. Er vereinbart mit ihr, dass er ihr das Wertpapier nach einer bestimmten Frist – zum Beispiel nach drei Tagen – zurückgibt. Dafür zahlt A der Händlerin B eine Leihgebühr.
A verkauft nun dieses Papier (die Aktie, die er sich nur geliehen hat) an C. C zahlt dafür den heute gültigen Preis an A. Nun gibt es zwei Möglichkeiten: Innerhalb der drei Tage ist die Aktie billiger geworden. Dann hat A Glück gehabt. Er kauft das Wertpapier für den geringeren Preis und gibt es der Händlerin B zurück. Der Unterschied zwischen diesem Preis und dem höheren Preis, den er von C für das Papier erhalten hat, ist sein Gewinn (natürlich abzüglich der Leihgebühr, die er der Händlerin schon gezahlt hat).
Ist das Papier (die Aktie) in der Zwischenzeit aber teurer geworden, dann hat A Pech gehabt. Er muss nun das Papier für einen höheren Preis kaufen, damit er es der Händlerin B zurückgeben kann.
Das Geschäft ist mit hohen Risiken behaftet und vom Kursverlauf des Wertpapiers abhängig.

„Verdorbener Kapitalismus"

Es wird also heftig spekuliert auf den Finanzmärkten – fast so wie auf der Pferderennbahn oder am Pokertisch. Einer, der schon früh vor diesen Geschäften gewarnt hatte, war der Unternehmensberater Dov Seidman. Er sprach vom „verdorbenen Kapitalismus[*]", in dem Geld mit Geld verdient wird und nicht mehr mit Waren. „Du verdienst Geld mit Geld, du pervertierst das System ... Du verlierst die Verbindung und das Verständnis für den Sozialvertrag des Kapitalismus ..." *(DER SPIEGEL,* 17.11.2008). Und das bedeutet: Es geht wirklich nur noch um das schnelle Geld.

Die Frage aber, wie das eigene Handeln, wie die Art und Weise des Geld-

Warnende Stimmen

verdienens auch anderen Menschen und der Gesellschaft, in der man lebt, nutzt, wird gar nicht mehr gestellt. Ob vielleicht viele andere Menschen durch das eigene Handeln in den Ruin getrieben werden, ist für diejenigen, die nur ihren eigenen Gewinn im Sinn haben, ohne Bedeutung.

Schlagzeilen zur Finanzkrise:

„Gier und Größenwahn –
wie Wall-Street-Bosse Milliarden verzockten und unser Finanzsystem an den Abgrund führten"
(„Stern", 15.9.2008)

Das große Schuldenspiel
(„Süddeutsche Zeitung", 2.1.2009)

Die Wirtschaft macht jetzt schlapp
(„Frankfurter Allgemeine Sonntagszeitung", 28.12.2008)

„Der Preis der Überheblichkeit –
eine Wirtschaftskrise verändert die Welt"
(„DER SPIEGEL", 28.9.2008)

In der Billionen-Falle
(„Rheinischer Merkur", 4.12.2008)

Häuserkrise in den USA

Ab 2002 begann in den USA ein großer Bauboom. Millionen-
fach vergaben die Banken günstige Kredite an Menschen, die
endlich ihren Traum verwirklichen wollten:
Sie wollten ein eigenes Haus haben. Der
Staat förderte diese Entwicklung, denn je
mehr Häuser gebaut wurden, desto mehr
würde die Wirtschaft davon profitieren. Wenn gebaut wird,
bringt das Arbeitsplätze, die Menschen verdienen Geld und
geben es wieder für andere Dinge aus. Dem Staat bringt das
wiederum Steuern.

Millionen träumten vom eigenen Haus!

Der Traum vom eigenen Heim sollte also die Wirtschaft ankur-
beln. Es funktionierte. Die Konjunktur, befeuert von zinsgüns-
tigen Krediten, lief prächtig. Einige Jahre lang wurden in Amerika jährlich über 1,5 Millionen Häuser gebaut. Die Menschen
lebten weitgehend auf Pump, nahmen Kredite für den Bau
und Hypotheken auf das neue Eigentum auf. Die Banken verliehen immer weiter Geld, auch an Menschen, von denen man
hätte wissen müssen, dass sie ihre Schulden nicht würden zurückzahlen können. Und auch der Staat förderte diese güns-
tigen Kredite. Schließlich konnte ja das Risiko nach der Erfindung der neuen verbrieften Wertpapiere über die ganze Welt
verteilt werden.

Wusste damals schon die Düsseldorfer IKB-Bank, dass sie Kre-
ditpapiere vom „Häuslebauer" in Ohio im Tresor hatte? Wuss-

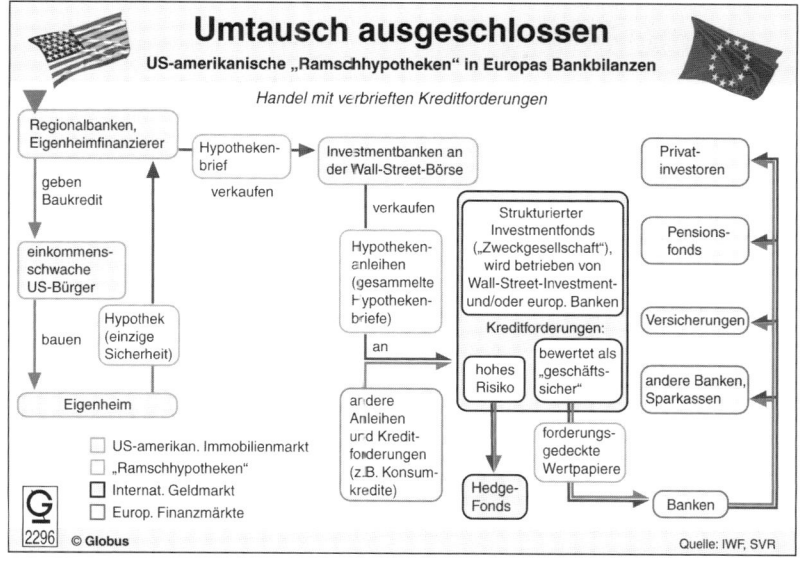

Umtausch ausgeschlossen

US-amerikanische „Ramschhypotheken" in Europas Bankbilanzen

Handel mit verbrieften Kreditforderungen

Regionalbanken, Eigenheimfinanzierer

geben Baukredit

einkommens-schwache US-Bürger

bauen

Hypothek (einzige Sicherheit)

Eigenheim

Hypotheken-brief

verkaufen

Investmentbanken an der Wall-Street-Börse

verkaufen

Hypotheken-anleihen (gesammelte Hypotheken-briefe)

an

andere Anleihen und Kredit-forderungen (z.B. Konsum-kredite)

Strukturierter Investmentfonds („Zweckgesellschaft"), wird betrieben von Wall-Street-Investment-und/oder europ. Banken

Kreditforderungen:

hohes Risiko

bewertet als „geschäfts-sicher"

forderungs-gedeckte Wertpapiere

Hedge-Fonds

Banken

Privat-investoren

Pensions-fonds

Versicherungen

andere Banken, Sparkassen

Banken

☐ US-amerikan. Immobilienmarkt
☐ „Ramschhypotheken"
☐ Internat. Geldmarkt
☐ Europ. Finanzmärkte

2296 © Globus

Quelle: IWF, SVR

ten Herr und Frau Kohlhaas in Bremen, dass ihre Rente von einem Wertpapier abhängig war, das mit der Kreditwürdigkeit von Hauseigentümern in Texas zu tun hatte? Wussten sie, dass diese Seifenblase eines Tages platzen könnte? Sicher nicht, denn alles schien seriös, wie die Berater versicherten; alles war gut verbrieft und – damit nicht zu durchschauen!

Der Hype ist vorbei

Ab 2005 gab es in den USA die ersten Probleme: Preise und Zinsen stiegen. Dennoch verschuldeten sich immer mehr Menschen, denn noch klappte es, sich von der Bank Geld zu lei-

hen, auch für die, die eigentlich nicht ausreichend „kreditwürdig" waren.

Aber weil immer mehr Menschen das geliehene Geld, ihre
Kreditraten also, nicht mehr zurückzahlen können, passiert
das, was auch in Deutschland in solchen Fällen geschieht: Es
kommt zur Zwangsenteignung des Hauses; das Haus wird an
jemanden verkauft, oft in einer Zwangsversteigerung, oder es
gehört der Bank. Aber die Häuser, die den Banken dann gehören, können gar nicht oder nur mit großem Verlust verkauft
werden. Denn das Problem ist: Die Häuser sind gar nicht mehr
das Geld wert, das sie in Zeiten der guten Konjunktur und des
Immobilien-Hypes angeblich wert waren. Es gibt jetzt weniger
Interessenten, die ein Haus haben wollen. Für die Banken ist
also mit diesen Häusern kein Geld mehr zu verdienen.

I Leer stehende Häuser in den USA

Fernsehbilder zeigen uns ganze Straßenzüge in amerikanischen Vorstädten, in denen Häuser leer stehen, verfallen oder zerstört werden. Die Werte, die hinter den Krediten stehen, sind also noch vorhanden, bloß bei Weitem nicht mehr zu den Preisen zu verkaufen, wie man das vor ein, zwei Jahren noch angenommen hat. Die Geldinstitute bekommen diesen Preisverfall zu spüren, denn man muss sich vor Augen halten, von welchen Monsterzahlen die Rede ist. So berichtet *DER SPIEGEL* in seiner Ausgabe vom 17.11.2008, dass angeblich „abgesicherte" Kredite in Höhe von **57 Billionen** Dollar um die Welt liefen und laufen. Tatsächlich 57.000 000 000 000 (zwölf Nullen!).

Viele Millionen Menschen in den USA waren von dieser Immobilienkrise betroffen – auch viele Banken standen vor dem Aus. Das war die Quittung für die leichtfertige Vergabe von Krediten in der Absicht, schnell viel Geld zu verdienen. Und diese Quittung bekamen und bekommen nach und nach auch immer mehr Geldhäuser in Deutschland und der ganzen Welt dafür, dass sie mit Wertpapieren handelten, die unsichere Kredite umfassten. Es zeigte sich nun, wie viele mit dem schwarzen Peter gehandelt haben – nicht nur im Immobiliengeschäft (denn die Immobilienkrise ist nicht der einzige Grund für die Misere), sondern auch in vielen anderen Bereichen der Wirtschaft. Aber wie viele Papiere, die noch in den Tresoren der Banken lagern oder in den Depots der Anleger, sind faul und wie viele haben noch einen Wert? Keiner weiß es so genau und daher sprechen alle Experten von schweren Stürmen, die der Wirtschaft bevorstehen und die uns alle treffen werden.

Es ist also kein Wunder, dass die Banken und auch die Politik in diesen Zeiten immer nervöser werden. Die Glaubwürdigkeit unseres Wirtschaftssystems steht auf dem Spiel. Denn Wirtschaft hat sehr viel mit gegenseitigem Vertrauen zu tun.

Misstrauen schürt die Krise

Im Wirtschaftsleben und insbesondere auf den Märkten, auf denen mit Geld gehandelt wird, spielt die Psychologie eine große Rolle. Es ist wie im täglichen Leben: Kaum geht das Gerücht, man könne einer bestimmten Person kein Geld mehr leihen, weil man es von ihr nicht zurückbekomme, schon ist deren Kreditwürdigkeit dahin und sie bekommt nichts mehr geliehen. Wenn Leonie Jan sein Geld nicht zurückbezahlt und er das herumerzählt, kann sie lange warten, bis einer ihrer Freunde ihr noch einmal etwas leiht. So ist das auch in der „großen" Wirtschaft.

Kurz gesagt: Misstrauen hat sich festgesetzt. Für Geschäftsleute ist das oft der Anfang vom Ende, denn ihre Waren erhalten sie auf Kredit. Erst wenn sie gut verdient haben, kann auch zurückgezahlt werden.

Dieser Kreislauf wird durch Zweifel und Misstrauen unterbrochen. Gibt es keinen Kredit mehr, dann können auch keine Geschäfte gemacht werden. Das gilt auch für das Geschäft der Banken untereinander. Seit der Krise misstrauen sie sich gegenseitig. Schließlich weiß keine von der anderen, welche „faulen Eier" diese im Tresor liegen hat, die nichts mehr einbringen werden.

Weil alles so unsicher geworden ist, leihen sich die Banken untereinander nicht mehr so selbstverständlich wie früher Geld.

Banken aber brauchen für ihre Geldgeschäfte viel Geld. Hat eine Bank nicht genug Geld, kann sie auch nicht genug verleihen und mit Zinsen zurückverlangen. Dann geht die Krise richtig los, die Kreditkette reißt, ein Geldinstitut nach dem anderen kommt in Schwierigkeiten und braucht dringend „frisches Geld", wie es immer so schön heißt.

„Frisches Geld" stinkt nicht

Finanzkrise und Realwirtschaft

Wann wird sich die Finanzkrise auch auf andere Bereiche der Wirtschaft ausweiten? Wann erfasst sie die sogenannte Real-wirtschaft, also die Produktion von Gütern, von Autos, Fahrrädern, Fernsehgeräten; wann die Dienstleistungen, den Arbeitsmarkt, die Löhne, kurz, alles, womit wir in unserem Alltag zu tun haben? Wird die Krise auf Zahlen über Zinsen, Aktienwerte, Abschreibungen, Schuldenhöhen und Hypothekensummen und Angaben über Millionen von faulen Krediten beschränkt bleiben?

Schmier-mittel Geld!

Geld und damit Kredite sind das Schmiermittel der kapitalistischen Wirtschaft, der Marktwirtschaft. Die Geldinstitute finanzieren Gehälter, Löhne, Maschinen, Fabrikhallen, Erfindungen, Entwicklungen neuer Produkte und so weiter. Irgendwann bekommen sie das investierte Geld mit Zinsen und Zinseszinsen zurück, wenn das Unternehmen läuft und Gewinn abwirft. Ist der Kreislauf gestört, weil die Banken den Firmen kein Geld mehr leihen können, lahmt die Wirtschaft, gehen die Produktionszahlen zurück, die Banken bekommen keine Rückzahlungen und gehen pleite. Das wiederum hat natürlich wieder Auswirkungen auf die Wirtschaft.

Wird also die heutige Krise unser ganz persönliches Leben betreffen, mit Zwang zu Einsparungen und Verzicht? Wird sie gar schlimmer werden als die, die unter der Bezeichnung „Weltwirtschaftskrise" in die Geschichtsbücher einging?

Der Crash vor 80 Jahren

Wir blicken auf New York im Oktober 1929: Auf den
Straßen wimmelt es von Fußgängern, Autoschlangen
bahnen sich hupend ihren Weg, Zeitungsverkäufer
schreien Schlagzeilen hinaus, in den Banken
und Maklerbüros rattern unaufhörlich die
Fernschreiber. Es ist eine nervöse Zeit; nach
dem Ende des Ersten Weltkrieges erlebte das
Land einen riesigen Aufschwung: Viele Gü-
ter, besonders Kraftfahrzeuge, Kühlschrän-
ke, Radios und Fotoapparate, waren zu Massengütern
geworden. Ein zuvor nie gekanntes Konsum- und Spe-
kulationsfieber setzte ein. Zum ersten Mal erfasste die
Konsumwelt weite Teile der Bevölkerung, das Zeitalter
des Massenkonsums hatte begonnen.

Auch 1929 träumten die Menschen den Traum vom schnellen Geld

New York am 24. Oktober 1929

Viele Menschen wollten schnell reich werden. Neben den professionellen Anlegern nahmen auch Millionen Privatleute kurzfristig hohe Kredite zu völlig überhöhten Zinssätzen auf, um Aktien kaufen zu können. Als die Börsenkurse fielen, verkauften die Profi-Spekulanten ihre Wertpapiere, um das Schlimmste zu verhindern. Damit wurde eine Lawine in Gang gesetzt: Immer mehr Menschen verkauften in Panik ihre Aktien. Es kam am

Schwarze Tage

„Schwarzen Donnerstag", dem 24. Oktober 1929, zum Crash an den amerikanischen Börsen. Die Kurse brachen völlig ein. Das hatte zur Folge, dass viele Kleinanleger am Ende dieses Tages hoch verschuldet dastanden, viele verloren ihr gesamtes Hab und Gut. Es kam zu zahlreichen Pleiten im Land, sowohl bei Privatanlegern als auch bei Firmen. Dieser Abwärtstrend setzte sich auch an den folgenden Tagen fort. Banken brachen zusammen, Unternehmer begingen Selbstmord. Die Industriestaaten schotteten sich ab und kürzten ihre Ausgaben. Der internationale Handel ging zurück, was in vielen Ländern den Niedergang der Volkswirtschaften beschleunigte.

Die Nachricht vom Zusammenbruch der amerikanischen Börsen kam einen Tag später in Europa an. Den 25. Oktober 1929 nennt man seither den „Schwarzen Freitag".

Die Folgen in Deutschland

So wurde der Börsencrash zum Auslöser einer weltweiten Wirtschaftskrise mit unabsehbaren Folgen in vielen Ländern der Erde. Sie dauerte bis 1933 und führte zu zahlreichen Firmenzusammenbrüchen, Bankenschließungen und zu Massenarbeitslosigkeit.

> Die Weltwirtschaftskrise von 1929 führte in Deutschland zur politischen Katastrophe

Alleine in Deutschland stieg die Zahl der Arbeitslosen von 1,3 Millionen auf über sechs Millionen. Kriminalität und Armut nahmen zu, die Wirtschaftskrise bestimmte den Alltag der Menschen.

Diese allgemeine Stimmung veränderte in Deutschland das politische Klima. Die nach dem Ende des Ersten Weltkrieges entstandene Weimarer Republik war noch nicht sehr gefestigt. Ihre linken und rechten Gegner bekämpften die noch junge demokratische Ordnung. Bei den Wahlen 1933 errang die Nationalsozialistische Arbeiterpartei (NSDAP) unter Adolf Hitler schließlich als Folge der allgemeinen Katastrophenstimmung einen großen Erfolg und riss die Macht an sich. Die Nazi-Diktatur führte zum Zweiten Weltkrieg und brachte unendliches Leid über die Welt.

Sicher spielte die Weltwirtschaftskrise von 1929 bei dieser Katastrophe als Auslöser eine Rolle. Allerdings kann die damalige Situation nicht einfach auf die heutige globalisierte Welt übertragen werden. Damals schotteten sich die von der Krise schwer gebeutelten Staaten voneinander ab. Alle versuchten im Alleingang, die Wirtschaftsprobleme in den Griff zu bekommen.

Heute sind die Länder der Welt, und das ist der entscheidende Unterschied zu damals, viel stärker miteinander verflochten. Man spricht von der „globalen Vernetzung der Weltwirtschaft". Was bedeutet das?

Die große Vernetzung

Jeder weiß es: Alle Teile der Welt stehen dank der modernen Kommunikationsmittel miteinander in Verbindung. Das betrifft keinen Bereich so stark wie die Finanzmärkte. Auf diesem Gebiet ist die Globalisierung* am weitesten fortgeschritten. Mit einem Mausklick werden Millionensummen um den Erdball geschickt. Anlagen, Schuldverschreibungen, Kreditpakete wandern, wie wir gesehen haben, von Kontinent zu Kontinent.

Die Globalisierung betrifft immer mehr die Wirtschaftsgüter, denen wir täglich begegnen. Sie kommen über Land und See oder durch die Luft zu uns und werden von unserem Land aus in alle Welt transportiert. Es sind Möbel, Kleidungsstücke, Turnschuhe, Handys, Computer, Autos, Rohstoffe, Tiefgefrorenes, Obst, Blumen

Immer mehr Wirtschaftsgüter wandern schnell um den Erdball

und viele Tausend andere Dinge, die in riesigen Mengen auf die Reise gehen. Viele Produkte haben etliche Tausend Kilometer hinter sich, ehe sie in unseren Kaufhäusern landen. Die einzelnen Teile der Jeans, des Computers oder eines Autos werden in mehreren verschiedenen Ländern hergestellt und zu einem Endproduzenten transportiert. Arbeitsteilung ist Trumpf, Staatsgrenzen spielen dabei keine Rolle mehr.

Auch wenn die Wege lang sind, gewinnen in der globalisierten Wirtschaft viele. Für Unternehmer der reichen Industriestaaten ist es meist billiger, Waren in anderen Ländern herzustellen und weiterzuverarbeiten, denn die Lohnkosten sind dort viel niedriger. Die günstigsten Standorte können sehr schnell ausgewählt, die Firmen rasch ins Ausland verlagert werden.

Die Senkung der Transport- und Kommunikationskosten hat zur weiteren Verflechtung der Weltwirtschaft beigetragen. Viele künstliche Schranken (Grenzen, Zölle) wurden beseitigt. Dadurch ist der Strom von Gütern, Dienstleistungen, Kapital und technischem Know-how und wissenschaftlichen Erkenntnissen immer stärker angewachsen. Viele arme Länder haben durch die Globalisierung die Möglichkeit bekommen, an der Weltwirtschaft teilzunehmen und mit ihren Produkten weltweit Handel zu treiben. Das bedeutet aber andererseits: In einer weltweiten Krise verlieren alle. Nie-

Die armen Länder sind besonders betroffen

mand wird verschont, kaum ein Land, kaum ein Wirtschaftsbereich, weil alles zusammenhängt. Und die Armen werden stärker leiden als die Reichen, Verluste werden sie härter treffen.

Krisenfolgen

Heiligabend 2008 war in der Frankfurter Allgemeinen Zeitung zu lesen: Das zu Ende gehende Jahr war das „Jahr der gigantischen Zahlen". Das stimmt! Die Höhe der Schulden und der versprochenen Staatshilfen ist unvorstellbar hoch. Aber was bedeuten diese Zahlen für uns? Wie werden wir die Krise erleben? Was erwartet jeden Einzelnen von uns?

Schauen wir uns noch einmal die „Rettung" des Immobilienfinanzierers Hypo Real Estate (HRE, siehe S. 10) an. Hier hat der Staat viel Geld zur Verfügung gestellt, um die Pleite dieses Unternehmens zu verhindern. In-

Schrumpfkur

zwischen hat das Management Pläne gemacht, wie es weitergehen soll. Geplant sind vor allem massive Stellenstreichungen: Jeder zweite Beschäftige wird seinen Arbeitsplatz verlieren. Ob das Unternehmen diese „Schrumpfkur" überleben wird, bezweifeln viele Experten. Und ob die Mitarbeiterinnen und Mitarbeiter in einer anderen Bank eine neue Stelle finden, kann auch niemand mit Sicherheit sagen.

Sorge um den Arbeitsplatz

Viele Menschen haben Angst davor, ihren Arbeitsplatz zu verlieren. Und diese Sorge ist begründet, denn die Finanzkrise hat längst die sogenannte Realwirtschaft erfasst. Alles hängt eben mit allem zusammen. In den letzten Jahren war die Zahl der Arbeitslosen in Deutschland merkbar zurückgegangen. Jetzt aber geht man davon aus, dass es bald wieder deutlich mehr Arbeitslose geben wird – und das nicht nur bei den Banken, bei denen die Krise angefangen hat.

Warum das so ist, kann man verstehen, wenn man sich zum Beispiel die Hersteller von Autos ansieht. Seit dem „Wirtschaftswunder" in den 1950er-Jahren war die Automobilindustrie der Garant für den weltweiten Erfolg der deutschen Wirtschaft. Jetzt aber werden immer weniger neue Autos gekauft. Schon rufen große Firmen wie Opel nach staatlicher Hilfe, die die Banken ja schließlich auch bekommen haben.

Man schätzt, dass jeder siebte Arbeitsplatz in Deutschland von der Autoindustrie abhängt. Wenn nun dieser Industrie das Geld fehlt, weil die Banken keine Kredite vergeben können, gibt es auch hier einen Dominoeffekt:

- Als Erstes sind von der Krise die vielen Tausend Autobauer in den Autofabriken zum Beispiel in Wolfsburg, Stuttgart oder München betroffen;
- dann die vielen Zuliefererbetriebe, die Autoradios,

Scheinwerfer oder Türgriffe für die Autoproduktion herstellen;

- außerdem die Paketfirmen, Speditionen und Fahrradkuriere, die diese Teile verschicken oder von einem Ort zum anderen fahren;
- die Verkehrsbetriebe, die die Arbeiter befördern;
- dann die Autohändler, die Werkstätten, die Tankstellen, die Benzin und Öl verkaufen;
- die Zubehörfirmen, die Kindersitze oder Schmutzabtreter herstellen;
- dann die Menschen, die die Büros in den Firmen sauber halten;
- der Wachbeamte mit seinem Hund, der abends das Firmengelände bewacht, oder der Würstchenverkäufer im Kiosk am Werkstor.

I Deutsche Autoproduktion

Alle diese Unternehmen und Menschen (und möglicher-
weise noch mehr) müssen um ihr Geschäft fürchten,
wenn keine neuen Autos mehr hergestellt und gekauft
werden.

Nicht an allen Problemen ist die Finanzkrise schuld. Viel zu lange haben die Automobilhersteller statt kleiner, umweltfreund-
licher und billiger Flitzer immer nur große und teure Wagen
gebaut. Aber die Unsicherheit der Bürger
und die Schwierigkeiten der Banken ver-
schärfen die Probleme. Es wird auch für

Viele benötigen Kredite

die großen Unternehmen schwieriger, bei den Banken Kredite
zu bekommen. Kredite aber werden benötigt – nicht nur von
VW und Telekom oder sonstigen Riesenfirmen, die nicht mehr
investieren können, sondern auch von der jungen Firmengrün-
derin, die Anschubkapital für ein neues Internet-Spiel benötigt, oder von dem traditionsreichen Hersteller von Karnevals-
kostümen, der in der nächsten Session statt Gefängnisklamot-
ten Nadelstreifenanzüge ins Programm nehmen will und dafür
eine neue Maschine braucht.

Auch Kinder und Jugendliche sind betroffen

Nicht nur die Beschäftigten belastet die Sorge um den Arbeitsplatz und die Unsicherheit darüber, wie es weitergehen wird.
Das erfahren auch die Familienangehörigen, die Kinder und

Jugendlichen, die eigentlich mit der Berufswelt der Erwachsenen noch wenig zu tun haben. Sie spüren die Anspannung der Eltern, auch sie bekommen etwas von dem Druck ab, der auf diesen lastet.

Vielleicht merkt man es auch daran, dass auf einmal an bisher selbstverständlichen Dingen gespart wird: In den Skiferien bleibt man zu Hause, der Ausflug ins Phantasialand wird gestrichen und die Geschenke an Weihnachten fallen weniger großzügig aus. Selbst die Frage, die ein Mädchen im Internet stellte – „Bekomme ich jetzt weniger Taschengeld wegen der Finanzkrise?" –, ist alles andere als dumm: Wenn überall gespart werden muss, dann trifft es irgendwann auch die Kinder.

Auch der Staat muss sparen

Der Rückgang der Wirtschaftsproduktion und steigende Zahlen bei den Arbeitslosen treffen auch den Staat. Steuereinnahmen gehen zurück, die Kosten für das Arbeitslosengeld und andere Sozialleistungen steigen. Da kann es schon sein, dass der lange geplante neue Kreisverkehr vor der Schule auf unbestimmte Zeit

verschoben wird oder das Jugendheim noch länger auf die dringend nötige Dachreparatur warten muss.

Es ist eine Binsenweisheit: Jeder Euro

kann nur einmal ausgegeben werden, und was jetzt zur Rettung von Banken und Unternehmen eingesetzt wird, fehlt dann eben an einer anderen Stelle, zum Beispiel bei den Vorhaben für Bildung, Klima- oder Umweltschutz. Dabei hatte der Finanzminister in den letzten Jahren darauf bestanden, erst einmal weniger Geld auszugeben und die Schulden des Staates zu verringern. Denn wenn der Staat weniger Geld für die Schuldentilgung und die Zinsen ausgeben müsste, dann wäre auch wieder mehr Geld in der Staatskasse, um beispielsweise junge Familien zu unterstützen oder mehr Lehrerinnen und Lehrer einzustellen. Damit ist es jetzt erst einmal vorbei.

Dazu kommt, dass das Vererben von Schulden an künftige Generationen, also die heutigen Kinder und Jugendlichen und deren Nachkommen, sehr unfair für diese Nachkommen ist. Denn sie müssen das Geld verdienen, um die Schulden zurückzuzahlen und die Zinsen zu zahlen, die sie nicht verursacht haben. Gibt es also überhaupt eine Hoffnung, dass diese Krise doch auch etwas Gutes hervorbringt?

Die Verlierer der Krise

Es gibt viele Menschen, die Opfer der Finanzkrise geworden sind. Die Verlierer sind

- die Eigenheimbesitzer in den USA, die ihre Raten nicht mehr zahlen konnten und ihr Haus verlassen mussten;
- Sparer überall auf der Welt, deren Ersparnisse fürs Alter auf einmal weg sind;
- Menschen, die ihre Arbeit verlieren.

Aber zu den Verlierern zählen, wie wir gerade gesehen haben, auch viele junge Menschen, die mit dem ganzen Schlamassel nichts zu tun haben, die vielleicht noch gar nicht geboren sind. Und zu den Verlierern zählen auch viele Menschen in den armen Ländern in Afrika oder Asien.

SCHULDEN-BERG

Sie alle bezahlen die Zeche für das, was die Finanzkrise angerichtet hat.

Aber einen Lichtblick gibt es doch, wie der Fernsehkommentator Rolf-Dieter Krause festgestellt hat: „Es gibt keinen Profiteur der Krise. Wenn alle gemeinsam leiden, dann passiert auch meistens etwas" *(ARD-Mittagsmagazin* am 14.11.2008).

Es gibt also eine kleine Hoffnung, dass auch aus dieser Krise auch noch etwas Gutes hervorgeht. Bevor wir fragen, wie das aussehen könnte, wollen wir uns aber zunächst einmal anschauen, wie bislang auf diese größte Wirtschaftskrise seit langer Zeit reagiert wird.

Hilfen

Eines ist klar: Noch ist es viel zu früh, von einem Ende der Krise zu sprechen oder sie abschließend zu beurteilen. Die Krise wird uns, darin sind sich die Experten einig, noch länger beschäftigen. Vielleicht wird sie unser Leben mehr verändern, als wir uns das derzeit überhaupt vorstellen können.

Ende des unkontrollierten Finanzmarktes

Eines aber ist in unglaublich kurzer Zeit deutlich geworden: Die Form der freien Marktwirtschaft*, die sich in den letzten 20 Jahren entwickelt hat, wird es so nicht länger geben. Noch im Spätsommer 2008 erzählten Banker und Finanzfachleute, wie fabelhaft sie ihren Laden im Griff hätten und warum es besser wäre, wenn alle anderen Bereiche der Gesellschaft auch wie ein Industrieunternehmen funktionieren würden. Und immer wieder wiesen sie darauf hin, dass die Deregulierung der Wirtschaft entscheidend zum allgemeinen Wohlstand beigetragen habe und dass die Finanzmärkte dann am besten funktionierten, wenn man sie den Experten überließe.

Deregulierung bezeichnet den Rückzug des Staates aus der Wirtschaft. Der Staat verzichtet beispielsweise darauf, die Finanzmärkte durch Gesetze zu regeln und zu kontrollieren. Der Staat zieht sich auch aus wirtschaftlichen Aktivitäten zurück, indem er staatliche Unternehmen wie die Bundesbahn oder die Bundespost privatisiert. Deregulierung kann man auf vielen Gebieten erleben: Auch der Tauschhandel auf dem Schulhof oder die Musiktauschbörse im Internet ist ein weitgehend deregulierter Markt, auf dem Käufer und Verkäufer sich ihre Regeln selbst machen.

Die Überzeugung, dass das Wirtschaftssystem dann am besten funktioniert, wenn es sich selbst überlassen wird, fand in den letzten Jahren tatsächlich viele Vertreter. Vor allem die sogenannten „Neo-Liberalen" predigten diese Botschaft: Wenn man die Wirtschaft nur machen ließe, ihr durch niedrige Steuern und den Verzicht auf staatliche Vorschriften wenig Steine in den Weg lege, dann würde es immer weiter aufwärtsgehen! Diese Botschaft klang auch deshalb so überzeugend, weil man sah, dass die Gesetze, die die verschiedenen Staaten der Welt haben, sich in der globalisierten Welt sowieso nur mühsam durchsetzen lassen.

Fairness ist gefragt

Mit dem Beinahe-Zusammenbruch des internationalen Finanzsystems ist dieser Glaube ins Wanken gekommen. Was soll man davon halten, wenn der Vorstandsvorsitzende einer Bank, der gerade noch von fantastischen Gewinnen und unvermeidlichen

Opfern für die Beschäftigten im Zeitalter der Globalisierung erzählt und sich dabei jede Einmischung von Politikern oder Professoren verbeten hat, jetzt auf einmal nach der Hilfe des Staates ruft?

Ruf nach Staatshilfe

Genau das ist in den Wochen nach dem Zusammenbruch der amerikanischen Bank „Lehman Brothers" passiert. Und deswegen haben viele der Maßnahmen, die seit dem Ausbruch der Finanzkrise durchgeführt wurden, auch das Ziel, die Wirtschaft wieder stärker unter die Kontrolle des Staates zu bringen. Denn auch die Wirtschaft ist Teil unserer Gesellschaft und kann sich nicht ihre eigenen Regeln machen und dabei ohne Rücksicht auf Verluste handeln. Es muss ein faires Miteinander geben zwischen den Teilnehmern des Marktes, mit klaren Gesetzen, die verhindern, dass Missbrauch und Misswirtschaft auf Kosten anderer betrieben werden.

Hilfe für die Banken

Nun könnte man ja denken: Geschieht den Banken gerade recht! Im Leben wird zu viel Gier irgendwann bestraft, und wer dann auch noch große Töne spuckt, der braucht sich nicht zu wundern, wenn ihm in der Not keiner zu Hilfe kommt. So aber ist es nicht gelaufen. Denn die Banken bekamen in der Not sehr wohl Hilfe – von den Regierungen in Europa und den USA und die Regierungen haben dafür sogar von vielen Seiten Beifall bekommen. Dabei hieß es immer: Wenn eine Bank pleitegeht, dann greift der Dominoeffekt und der kommt irgendwann auch bei „Unschuldigen" an. Was haben wir davon, wenn uns durch die Bankenkrise die ganze Wirtschaft „zusammenklappt"? Die Regierung hat also eingegriffen, um das Wirtschaftssystem zu stabilisieren.

Dabei ist es aber nicht geblieben. Viele Staaten haben einen sogenannten „Rettungsschirm" für die ganze Finanzbranche aufgespannt. Sie haben riesige Summen in einem Fonds bereitgestellt, die sich die Banken vom Staat leihen können – sie schlüpfen damit unter den staatlichen Rettungsschirm. Damit sollte das Vertrauen in die Banken wiederhergestellt werden. Die Banken haben anfangs nicht gerne von dieser Hilfe Gebrauch gemacht, denn diese Hilfe ist mit Bedingungen verbunden. Und auch eine kriselnde Bank lässt sich nicht gerne von Politikern sagen, was sie tun soll. Aber inzwischen nehmen immer mehr Banken diese staatlichen Hilfen in Anspruch. Dummerweise kann man aber noch nicht sagen, ob dadurch wirklich wieder das Vertrauen in die Banken zurückkehrt und ob sich die Banken auch untereinander wieder vertrauen und gegenseitig Geld leihen.

Reform des internationalen Finanzsystems

Das Eingreifen des Staates in den Finanzmarkt hat deutlich gemacht, dass der Markt alleine, dass Wirtschaften ohne Rücksicht auf Verluste auf Dauer nicht funktionieren. Zu viele Menschen werden in Mitleidenschaft gezogen, wenn es schiefgeht. Deshalb soll der Staat eingreifen. Nicht erst seit der Finanzkrise haben viele Menschen Angst vor einem Wirtschaftssystem, das so kompliziert ist, dass offenbar niemand mehr durchschaut, wie es funktioniert. Nach einer Umfrage der New York Times *(Süddeutsche Zeitung* 11.11.2008) sehen viele Menschen in Europa und den USA die grenzenlose globale Marktwirtschaft deswegen als Bedrohung an!

Dass es nicht wieder so werden wird, wie es vor der Finanzkrise war, ist inzwischen allen Beteiligten klar geworden. Auf einer großen Konferenz in Washington beschlossen im November 2008 die wichtigsten Industriestaaten der Welt 50 Sofortmaßnahmen gegen die Finanzkrise. Wie wichtig man die Krise nahm, zeigt die Tatsache, dass sich in der amerikanischen Hauptstadt erstmals alle Staats- und Regierungschefs der 20

Weltfinanzgipfel in Washington

wichtigsten Industriestaaten und Schwellenländer der Erde trafen.

Die Beschlüsse des Gipfels waren weitreichend. Unter anderem sollen in Zukunft alle Produkte, mit denen Banken handeln, lückenlos überwacht werden. Auch soll die Bezahlung der Manager anders geregelt werden. Besonders riskante Formen der Geldanlage sollen strenge Regeln erhalten und auch die Verbraucher sollen besser informiert werden. Der Internationale Währungsfonds* und die Weltbank* werden bei diesen Reformen eine wichtige Rolle spielen. Man weiß noch nicht genau, wie diese Regelungen im Einzelnen aussehen werden. Bis Ende März 2009 sollen Expertenstäbe die einzelnen Maßnahmen festlegen.

Der Staat gibt der Konjunktur eine Spritze

Die Beschlüsse des Gipfels von Washington werden erst in den nächsten Jahren und Jahrzehnten wirken. Aber es gibt wirtschaftliche Probleme, um die man sich sofort kümmern muss, bei denen man keine Zeit hat, auf die Wirkung der beschlossenen Maßnahmen zu warten. Denn ein „Flächenbrand" droht nicht nur bei den Banken und Finanzinstitutionen. Auch in der Realwirtschaft muss man achtgeben, dass nicht die Probleme einer großen Firma oder einer ganzen Branche wie der Autoproduktion die ganze Volkswirtschaft beschädigen.

Die verschiedenen Staaten ergriffen zunächst ganz unterschiedliche Maßnahmen, um das zu verhindern. In den USA wurde ein großes Infrastrukturprogramm beschlossen. 700 Milliarden US-Dollar wurden für Straßenbau, Brückensanierung und Ähnliches zur Verfügung gestellt. Die Autoindustrie wird mit 17,4 Milliarden US-Dollar unterstützt.

In Großbritannien reduzierte die Regierung die Mehrwertsteuer. Dadurch sollen die Bürgerinnen und Bürger und auch die Unternehmen dazu angeregt werden, mehr einzukaufen. Auch in anderen Ländern der Europäischen Union versuchten die Regierungen auf die eine oder andere Weise, Schlimmeres zu verhindern.

Hilft „Staatsdoping"?

Ob solche „Konjunkturspritzen" jedoch immer genau so funktionieren, wie man sich das wünscht, ist sehr umstritten. Ein bisschen kann man das vergleichen mit der Tafel Schokolade, die man kurz vor einem Marathonlauf isst, um die Leistung zu steigern. Am Start fühlt man sich durch den „Zuckerflash" super, aber schon bei der Mitte des Laufs ist die Wirkung verpufft und am Ziel ist einem nur noch schlecht.

Schokolade für die Wirtschaft

Weil man auch in der Wirtschaftspolitik nur ahnen kann, wie solches „Staatsdoping" wirkt, lehnte die deutsche Bundesregierung Steuersenkungen und große staatliche Investitionsprogramme zunächst ab. Stattdessen gab es Anfang November 2008 ein Konjunkturprogramm: Wer ein neues Auto kauft, soll eine Zeit lang keine KfZ-Steuer zahlen müssen. Auch die

Rechnungen für Handwerker können von der Steuer abgesetzt werden. Wer sein Haus modernisieren will, um in Zukunft Energie einzusparen, soll ebenfalls Unterstützung erhalten. Ein zweites Konjukturpaket im Umfang von 50 Milliarden Euro wurde im Januar 2009 auf den Weg gebracht. Davon erhofft sich die Regierung eine Belebung der Wirtschaft.

Gemeinsames Handeln tut Not!

Viel Geld aus Brüssel

Wie erwähnt, haben die europäischen Staaten ganz unterschiedliche Hilfspakete für ihre Wirtschaft „geschnürt". Aber die Europäische Union hat dabei nicht vergessen, dass in der Globalisierung einer alleine nichts ausrichten kann. Deswegen beschloss ein EU-Gipfel Mitte Dezember 2008 in Brüssel ein gemeinsames Programm.

200 Milliarden Euro wollen die 27 Mitgliedsstaaten in ihre Wirtschaften fließen lassen. Der Großteil dieser Summe setzt sich aus den nationalen Konjunkturprogrammen zusammen. Jedes Land hat seine eigenen Sorgen und soll entsprechend darauf reagieren können. Aber rund 30 Milliarden Euro werden zusätzlich von der EU-Kommission zur Verfügung gestellt. Insgesamt haben sich die EU-Mitgliedsländer darauf geeinigt, 1,5 Prozent ihres Bruttoinlandsprodukts[*] für Maßnahmen zur Stärkung der Wirtschaft auszugeben.

Konsument/innen werden wieder entdeckt

Als deutlich wurde, dass die Finanzkrise auch die gesamte Wirtschaft betreffen würde, konnte man in vielen Zeitungen lesen, dass jetzt der private Konsum „angekurbelt" werden müsse. Privater Konsum – damit meint man den Kauf von all den Dingen, die wir Tag für Tag brauchen: Autos, Kleidung, Essen, MP3-Player und Fernseher, Spielzeug und noch viel mehr.
Dieser private Konsum kommt den Unternehmen zugute: Je mehr Geld Erwachsene und Kinder in die Läden tragen oder über das Internet überweisen, desto mehr verdienen die Unternehmen, können dann auch wieder für die Zukunft planen und neue Investitionen tätigen, Arbeitsplätze schaffen und so weiter.
Der Konsum spielt also eine große Rolle. Je mehr konsumiert wird, desto schneller wird die Krise ein Ende finden – das ist die Hoffnung. Viele Experten sind heute der Meinung, dass die Kri-

Geldausgeben ist die Devise

se durch einen stärkeren Konsum bezwungen werden kann. Bis vor Kurzem gab es nicht viele Leute, die diese Auffassung vertraten. Wie in den meisten Industriestaaten war nämlich auch in Deutschland der Großteil der Verantwortlichen davon überzeugt, dass der private Konsum zwar wichtig, aber nicht entscheidend ist – solange das Land insgesamt viel produziert und exportiert.

Deshalb ist auch ein großer Teil der Gewinne, die die Unternehmen in den vergangenen Jahren gemacht haben – und es waren Jahre, in denen sehr viel verdient wurde –, nicht in den Geldbeuteln der Arbeitnehmer gelandet. Allgemein war man der Ansicht, dass es vor allem darauf ankäme, billig produzieren zu können, um dann deutsche Waren auf den Weltmärkten zu verkaufen.

Das hat auch lange gut geklappt. Deutschland war einige Jahre sogar „Exportweltmeister", hat also sehr viel Geld damit verdient, dass deutsche Produkte ins Ausland verkauft wurden. Jetzt aber, wo alle Länder von der Finanzkrise betroffen sind, wird auch in allen Ländern das Geld knapp und die Einnahmen deutscher Unternehmen aus dem Export gehen zurück. Darum werden jetzt die Konsumenten im eigenen Land wieder entdeckt. Mit ihren Einkäufen sollen sie die Wirtschaft beleben. Da aber auch die Bundesbürger durch die Wirtschaftskrise verunsichert sind – Stichwort: Arbeitsplätze –, sitzt das Geld derzeit nicht so locker, obwohl viel Geld auf Sparbüchern und anderen Konten liegt.

So kamen manche Politiker auf die Idee, Konsumgutscheine

an die Bürger zu verteilen. Aber wer kann schon sagen, ob die Konsumenten ihr Geld auch wirklich dort ausgeben, wo es am dringendsten gebraucht wird? Also wird auch über finanzielle Hilfen für Geringverdiener oder Arbeitslose nachgedacht. Damit ist die Erwartung verbunden, dass Menschen, die sonst kaum Geld für „überflüssige" Anschaffungen haben, dieses Geld sehr schnell ausgeben werden.

Kann der Staat die Wirtschaft lenken?

Dass derzeit überhaupt so viel darüber geredet wird, wie der Staat die Konsumenten dazu bringen kann, ihr Geld auszugeben, hat eine lange Vorgeschichte. Sie beginnt in der Zeit der großen Weltwirtschaftskrise nach dem „Schwarzen Freitag"

von 1929 (s. S. 32). Damals entwickelte der britische Wirtschaftswissenschaftler John Maynard Keynes eine Theorie, die ihn sehr berühmt machte. Sie wird nach ihm als „Keynesianismus" bezeichnet. Die Idee von Keynes: In der Krise muss der Staat Geld ausgeben, um die Wirtschaft zu unterstützen. Umgekehrt soll der Staat, wenn es der Wirtschaft gut geht, sparen.

Nach dem Zweiten Weltkrieg versuchten viele Staaten im Sinne von Keynes mit staatlichen Eingriffen auf die Wirtschaft einzuwirken. Im letzten Viertel des 20. Jahrhunderts kam der „Keynesianismus" aus der Mode. Heute feiert er ein Comeback.

Wie viel Geld braucht die Welt?

Der Wert des Geldes muss sich an der Produktion von Waren und dem Handel mit den Waren orientieren. Wenn in einem Land sehr viel mehr Geld im Umlauf ist als erwirtschaftet wird, dann sind die Spekulanten nicht fern – und denen folgt häufig die Krise.

Die Bank für Internationalen Zahlungsausgleich hat berechnet, dass schon 2006 die Menge des weltweit vorhandenen Geldes 122 Prozent des weltweiten Sozialprodukts ausmachte. Es gab also sehr viel mehr Geld, als man davon Waren hätte kaufen können. Und dieses Geld war ständig rund um den

Wer druckt
eigentlich
das Geld?

Globus im Umlauf, weil alle davon träumten, aus ihren Ersparnissen noch mehr Geld zu machen. Viele kauften davon Wert-

papiere – unter anderem die Pakete, die mit „faulen Eiern"
vollgepackt waren. Geld wurde dafür ausgegeben, aber es gab
für das Geld keinen Gegenwert.

Seit der Finanzkrise ist genau das Gegenteil der Fall: Keiner
traut sich mehr, etwas zu investieren, die Banken geben keine
Kredite mehr und der weltweite Geldfluss trocknet aus. Könnte der Staat nicht einfach mehr Geld drucken?

Die Wächter des Geldes

Es gibt Einrichtungen, die dafür sorgen, dass das Verhältnis
zwischen Geldmenge und Warenwert ausgewogen bleibt und
es dabei keine Fehlentwicklungen gibt. Das sind die Notenbanken der verschiedenen Länder und für die EU die Europäische
Zentralbank in Frankfurt am Main. Die Notenbanken spielen
neben den Regierungen der Staaten die wichtigste Rolle, wenn
es darum geht, die Krise zu bekämpfen.

In allen Industrieländern haben nur die Notenbanken das
Recht, Geld zu drucken. Damit soll verhindert werden, dass
der Staat einfach die Notenpresse anwirft, wenn plötzlich einmal mehr Geld als eigentlich vorhanden ist, gebraucht wird.
Denn dann gibt es ganz schnell eine Inflation: Es ist immer
mehr Geld vorhanden, das immer weniger wert ist. In Deutschland ist es nach dem Ersten Weltkrieg 1923 zu einer sogenannten galoppierenden Inflation oder Hyperinflation gekommen. Das Geld verlor so schnell an Wert, dass zum Schluss
Einzelscheine im Wert von einer Billion im Umlauf waren.

Inflationsscheine von 1923 – für 50 Millionen bekam man nicht einmal ein Brot.

Allein Notenbanken bestimmen und überwachen also heute, wie viele Scheine und Münzen im Umlauf sind, damit so etwas nicht passieren kann.

In der Wirtschaftskrise haben die Notenbanken schnell gehandelt. Weil die Banken nicht mehr genug Geld vorrätig hatten und sich auch wegen des großen allgemeinen Misstrauens keines bei anderen Banken leihen konnten, machten die Notenbanken das Geld „billig". Ab Dezember 2008 konnten sich die Banken das Geld fast zum Nulltarif leihen. Entsprechend sanken die Zinsen. Damit sollten die Unternehmen angeregt werden, Kredite aufzunehmen und das Geld wieder zu investieren.

Die entscheidende Frage ist aber ungelöst: Kommt auch das

gegenseitige Vertrauen zurück, ohne das keine Wirtschaft funktionieren kann? In unserem abschließenden Kapitel werden wir dazu mehr sagen. Zuerst ist jetzt aber noch eine ganz wichtige Frage zu beantworten:

Wer soll das bezahlen – wer hat so viel Geld?

Irgendwoher muss das Geld für den „Rettungsschirm" der Banken, die Unterstützung für kriselnde Unternehmen und die Konjunkturprogramme kommen. Und das tut es auch: Es kommt von uns allen. Denn wir alle sind der Staat und der Staat hat nur deswegen so viel Kredit, weil man weiß, dass seine Bürgerinnen und Bürger in den kommenden Jahren das Geld erwirtschaften werden, das der Staat heute ausgibt.

> Wir alle werden zur Kasse gebeten

Wenn der Staat Geld braucht, dann hat er dazu mehrere Möglichkeiten. Er kann Geld sparen. Er baut zum Beispiel weniger Straßen als eigentlich geplant und kann dann das gesparte Geld für den „Rettungsschirm" ausgeben. Leider sind aber die meisten Ausgaben des Staates auf lange Zeit geplant und nicht so einfach zu kürzen. In der jetzigen Krise würde das also nicht viel bringen.

Der Staat kann auch die Steuern erhöhen. Im Moment macht das aber keinen Sinn. Denn die Bürger sollen ja mehr Geld ausgeben beim Kauf von Autos, Fernsehern, Kleidung und so weiter. Wenn sie aber noch mehr Steuern zahlen müssen, haben sie dafür natürlich nicht mehr ausreichend Geld.

Kann ein Staat eigentlich pleitegehen?

Im rechtlichen Sinne kann ein Staat nicht pleitegehen – es gibt keine Richter, die offiziell feststellen, dass ein Staat bankrott ist. Es gibt auch keine Gesetze, die einen Staat dazu verpflichten, dafür geradezustehen, wenn kein Geld mehr da ist. Beim Staat kann auch ein Gerichtsvollzieher nichts pfänden. Anders als der Eigenheimbesitzer, der aus seinem Haus ausziehen muss, wenn er die Schulden nicht mehr bezahlen kann, muss der Staat nicht um seinen Besitz fürchten, wenn ihm das Geld ausgeht.

Tatsächlich aber kommt es vor, dass ein Staat bankrottgeht. Ein Beispiel dafür ist Island. Dessen Regierung gab im Oktober 2008 bekannt, dass Island als Folge der Finanzkrise die Schulden einer verstaatlichten Bank nicht mehr bezahlen konnte. Ohne Hilfe von außen wäre der Staat zahlungsunfähig gewesen.

Anders als Privatleute oder Banken haben Staaten aber viele Möglichkeiten, ihre Schulden loszuwerden. Beispielsweise können sie einfach ihre Rückzahlungen einstellen – das ist zwar schlecht für das Ansehen des Staates und für seine zukünftige Kreditwürdigkeit, aber vor ein Gericht kommt der Staat deswegen nicht. Auch Währungsreformen oder das Anfachen der Inflation durch das Drucken von Geld hat es in der Geschichte immer wieder gegeben, so wie in Deutschland 1923. Die Folge: Die Gläubiger bekommen zwar ihr Geld zurück. Aber das Geld ist inzwischen viel weniger wert. Heute sorgen in vielen Ländern die Zentralbanken

dafür, dass die Regierungen diesen scheinbar so prakti-
schen Weg der Entschuldung nicht mehr so einfach gehen
können.

Schließlich kann sich der Staat wie jeder Bürger Geld leihen. Das tut er, indem er z. B. sogenannte Staatsanleihen
auflegt (verkauft). Das heißt, der Staat

... und irgend-
wann bekommen
wir die Rechnung

leiht sich Geld bei den Banken oder bei seinen Bürgern. Aber
auch die Möglichkeiten des Staates sind nicht unerschöpflich.
Und alles, was sich der Staat leiht, muss er irgendwann auch
zurückzahlen. Deswegen kann es gut sein, dass die Kinder
von heute und auch noch deren Kinder eines Tages die
Schulden zurückzahlen müssen, die der Staat heute macht,
um die Wirtschaftskrise bekämpfen
zu können. Aber im Moment zählt
vor allem, dass unser Staat in
der Lage ist, etwas gegen
die Krise zu unternehmen.

DIE SCHULDENUHR

Ein Blick in die Zukunft ...

Damit kommen wir zur abschließenden Frage: Hat sich unsere Zukunft durch die Finanzkrise verdüstert, müssen wir jetzt auf lange Zeit mit Unsicherheiten und Sorgen um das tägliche Brot leben? Fragt man die Spezialisten, dann bekommt man keine eindeutige Antwort. Einige rechnen nur mit einer kurzen „Delle, aus der gerade die reichen Industrieländer gestärkt hervorgehen können. Andere sagen eine lange und tiefe Rezession* voraus.

Was ziemlich sicher ist: Die Finanzkrise wird uns teurer zu stehen kommen als die deutsche Wiedervereinigung in den Jahren nach 1990. Damals mussten alle „den Gürtel enger schnallen", um diese historische Chance nutzen zu können. Heute ist das Ziel längst nicht so begeisternd. Aber auch die Krise bietet Chancen.

Die Wirtschaftskrise hat schon jetzt die Überzeugung gestärkt, dass die Wirtschaft den Menschen dienen muss und nicht umgekehrt. Wir haben schon einmal die „Sozialverpflichtung des Kapitals" erwähnt. Allgemein wird angenommen, dass Deutschland gut gerüstet ist, um die Krise einigermaßen heil zu überstehen. Deutschland hat eine der modernsten Volkswirtschaften der Welt. Viele deutsche Produkte gelten weltweit als führend und es gibt hier viele gut ausgebildete Menschen. Und es gibt die soziale Marktwirtschaft*, die den Menschen die Sicherheit geben soll, dass sie von der Gesellschaft nicht allein gelassen werden. In den letzten Jahren haben viele Menschen gesagt, dass sie nicht mehr an das Funktionieren dieser sozialen Marktwirtschaft glauben. Das könnte sich in der jetzigen Krise ändern.

In der Wirtschaftskrise kommt dem Staat, wie wir gesehen haben, eine große Rolle zu. Damit haben die Politikerinnen und Politiker sowie die Wählerinnen und Wähler die Möglichkeit, Ideen und Vorstellungen durchzusetzen, für die es in den guten Zeiten keine Mehrheit gegeben hätte. Die großen Konjunkturprogramme könnten genutzt werden, um beispielsweise Maßnahmen zum Schutz von Umwelt und Klima voranzutreiben. Hier könnte der Staat Fördergelder für sparsame Autos oder neue Energien bereitstellen.

Die Wirtschaftskrise zwingt alle – Politiker, Wirtschaftsführer und Experten, aber auch jeden Einzelnen von uns –, darüber nachzudenken, welche Gesellschaft wir wollen. Der frühere Bundespräsident Johannes Rau hat einmal gesagt, der demokratische Staat sei „keine Agentur zur Stärkung des Wirtschaftsstandorts" Deutschland. Nicht die Wirtschaft bestimmt unser Zusammenleben, sondern wir bestimmen, wie wir leben wollen.

„Märkte sind nicht das ganze Leben und wir brauchen klare Regeln", schreibt der Münchner Erzbischof Reinhard Marx zur aktuellen Finanzkrise *(Süddeutsche Zeitung* 26.11.2008). Das heißt auch, dass wirtschaftlicher Erfolg nicht das einzige Ziel im Leben sein kann. Das gilt aber nicht nur für Bankmanager und Fonds-Experten, sondern für uns alle.

Glossar

Abschwung/ Rezession	*Verschlechterung der wirtschaftlichen Lage eines Landes. Die Wachstumskurve geht dann über einen längeren Zeitraum nach unten. Der Begriff „Rezession" bedeutet „Rückgang".*
Aktie	*Urkunde. Wer sie besitzt, ist Miteigentümer eines Unternehmens. Er hat ihm, der Aktiengesellschaft, einen bestimmten Geldbetrag zur Verfügung gestellt. Damit ist er am Gewinn und am Risiko beteiligt.*
Börse	*ein Markt, auf dem Wertpapiere, Aktien oder Devisen (ausländische Zahlungsmittel) gehandelt werden. Die Preise richten sich nach Angebot und Nachfrage. Der jeweilige Kurs einer Aktie, also ihr Wert, kann rasch steigen oder fallen.*
Bruttoinlands- produkt	*gibt Auskunft über die Wirtschaftskraft eines Landes. Dazu gehört der Wert aller produzierten Güter und aller erbrachten Dienstleistungen.*
Freie Markt- wirtschaft	*Wirtschaftsordnung mit folgenden Grundsätzen: Es gibt privates Eigentum und einen freien Markt, auf dem Anbieter und Käufer frei (ohne politische oder staatliche Eingriffe) handeln können. Das ist das Prinzip von „Angebot und Nachfrage".*
Globalisierung	*kommt von „global" und bedeutet „weltumspannend", „umfassend". Damit ist gemeint, dass die Länder der Welt eng miteinander verflochten sind. Ursprünglich wurde der Begriff „Globalisierung" nur im Wirtschaftsbereich benutzt. Heute wird er immer mehr auch in anderen Bereichen angewendet: in der Kultur, dem Sport, aber auch im Umweltschutz.*
Hedgefonds	*sammeln Geld von Anlegern ein und legen es in verschiedenen Wertpapieren, Devisen, Rohstoffen und anderen Wertanlagen an. Sie sind sehr viel spekulativer und risikoreicher als andere Fonds.*

Hypothek	*das Pfandrecht einer Bank zur Absicherung eines Kredits, der für ein Haus gegeben wurde. Es bedeutet, dass die Bank das Haus versteigern darf, wenn der Kredit nicht wie vereinbart zurückgezahlt wird.*
Internationaler Währungsfonds	*Organisation der Vereinten Nationen, die 1944 gegründet wurde. Wichtigste Aufgabe ist die Förderung des Welthandels.*
Investmentbank/ –gesellschaft	*eine besondere Form des Bankgeschäfts, in der neue Formen von Wertpapieren entwickelt und dann vertrieben werden. Die Investmentgesellschaft sammelt Geld von Anlegern ein und legt es in Aktien- oder Immobilienfonds an. Das sind Vermögenswerte, die im besten Falle nach einer Zeit mehr Geld einbringen, als vorher investiert wurde.*
Kapitalismus	*Wirtschafts- und Gesellschaftsordnung, die auf einer Marktwirtschaft begründet ist. Das „Kapital" besteht in Geld- und Sachwerten. Die Besitzer, die „Kapitalisten", arbeiten mit diesem Kapital. Der Staat schützt das Privateigentum, Unternehmer können ohne staatliche Eingriffe frei arbeiten und arbeiten lassen.*
Konjunktur	*die wirtschaftliche Gesamtlage eines Staates. Es gibt dafür messbare Merkmale wie zum Beispiel Arbeitslosenzahl, Staatsschulden, hohe oder niedrige Zinsen, Aktienkurse, Auftragslage der Firmen usw., an denen man erkennen kann, wie es um die Konjunktur bestellt ist.*
Kredit	*Geld, das sich jemand (eine Privatperson, eine Firma oder der Staat) für eine bestimmte Zeit von einer Bank oder einer anderen Person leiht. Legt man sein eigenes Geld bei der Bank an, zum Beispiel auf ein Sparbuch, gibt man der Bank einen Kredit.*
Rendite	*Ertrag, der in einem gewissen Zeitraum für eine eingesetzte Summe verdient wird. Die Rendite wird normalerweise in Prozenten angegeben. Die Rendite ist zum Beispiel der Zinssatz, der für angelegtes Geld*

	auf einem Sparkonto oder durch Kauf von Wert-
	papieren erzielt werden kann.
Rezession	*siehe Abschwung*
Soziale Markt- wirtschaft	*Wirtschaftsordnung in Deutschland, bei der der* *Staat durch bestimmte Regeln und Gesetzgebung in* *das Geschehen der Marktwirtschaft eingreift, um* *soziale Ungerechtigkeiten zu verhindern.*
Verbriefung	*die Umwandlung von Krediten oder Schuldverschrei-* *bungen in Wertpapiere*
Weltbank	*Organisation der Vereinten Nationen, die 1944 ge-* *gründet wurde. Sie fördert heute vor allem die* *Armutsbekämpfung in der Welt durch die Vergabe* *von Krediten an Staaten.*
Wertpapier	*im weitesten Sinne Urkunden über Rechte an einem* *Vermögen. Geld ist das bekannteste Wertpapier,* *aber auch Briefmarken gehören dazu. Von Banken* *oder anderen Kreditinstituten können Aktien,* *Schuldverschreibungen, Pfandbriefe und andere* *Wertpapiere gekauft werden. Wer sie besitzt, kann* *im Falle einer Wertsteigerung verdienen oder ver-* *lieren, wenn der Wert, für den diese Urkunde steht,* *sinkt.*
Zinsen	*Das Wort kommt aus dem Lateinischen und bedeutet* *„Abgabe". Diese muss geleistet werden, wenn man* *bei der Bank einen Kredit aufnimmt und sich ver-* *pflichtet, das Geld in einem bestimmten Zeitraum zu-* *rückzuzahlen. Zinsen sind also der Preis des Geldes,* *der gezahlt werden muss, damit man Geld geliehen* *bekommt. Zinsen werden üblicherweise in Prozenten* *angegeben. Für das Sparkonto gibt es Zinsen von* *der Bank. Sie zahlt dann Zinsen dafür, dass der* *Sparer ihr Geld leiht.*